PHONICS
for
ADULTS

INTRODUCTION

Welcome to Phonics for Adults. I made this to teach you. I made this to help you learn to read and speak English. In this book you will find:

- Video lessons for each lesson. Just scan the QR code. Or find the playlist here: https://www.youtube.com/watch?v=zz4RcpAf-HyU&list=PLp5zSGEKWyU6FrxaRZkxieeP7dk4Hu6H6
- Correct pronunciation practice.
- American accent training.
- Writing practice.
- Simple course designed to help you learn fast.

This time is different. This time, you will learn English correctly. This time, you will learn to read and speak like a native speaker. I look forward to your success. I am already proud of you.

TABLE OF CONTENTS

Level One

INITIAL SOUNDS

1 ABC

Directions. Practice writing each letter. Then write each word and translate it on the lines provided.

A

a

B

b

C

c

A	p	p	l	e

A	p	p	l	e

A	p	p	l	e

_____

_____

A	l	l	i	g	a	t	o	r

A	l	l	i	g	a	t	o	r

A	l	l	i	g	a	t	o	r

_____

_____

A	n	t

A	n	t

A	n	t

_____

_____

B	o	o	k

B	o	o	k

B	o	o	k

_____

_____

B	e	d

B	e	d

B	e	d

_____

_____

B	a	t

B	a	t

B	a	t

_____

_____

C	a	t

C	a	t

C	a	t

_____

_____

C	u	p

C	u	p

C	u	p

_____

_____

C	a	p

C	a	p

C	a	p

_____

_____

2 DEF

Directions. Practice writing each letter. Then write each word and translate it on the lines provided.

D

d

E

e

F

f

D o g
D o g
D o g

_____

_____

D e s k
D e s k
D e s k

_____

_____

D u c k
D u c k
D u c k

_____

_____

E l e p h a n t
E l e p h a n t
E l e p h a n t

_____

_____

E g g
E g g
E g g

_____

_____

E l b o w
E l b o w
E l b o w

_____

_____

F i s h
F i s h
F i s h

_____

_____

F a n
F a n
F a n

_____

_____

F o r k
F o r k
F o r k

_____

_____

Directions. Practice writing each letter. Then write each word and translate it on the lines provided.

G

g

H

h

I

i

G	o	r	i	l	l	a
G	o	r	i	l	l	a
G	o	r	i	l	l	a

_____

_____

G	a	m	e
G	a	m	e
G	a	m	e

_____

_____

G	i	r	l
G	i	r	l
G	i	r	l

_____

_____

H	a	t
H	a	t
H	a	t

_____

_____

H	i	p	p	o
H	i	p	p	o
H	i	p	p	o

_____

_____

H	a	n	d
H	a	n	d
H	a	n	d

_____

_____

I	g	l	o	o
I	g	l	o	o
I	g	l	o	o

_____

_____

I	g	u	a	n	a
I	g	u	a	n	a
I	g	u	a	n	a

_____

_____

I	n	k
I	n	k
I	n	k

_____

_____

4 JKL

Directions. Practice writing each letter. Then write each word and translate it on the lines provided.

J

j

K

k

L

l

J	e	t
J	e	t
J	e	t

_____

_____

J	a	c	k	e	t
J	a	c	k	e	t
J	a	c	k	e	t

_____

_____

J	a	m
J	a	m
J	a	m

_____

_____

K	i	n	g
K	i	n	g
K	i	n	g

_____

_____

K	e	y
K	e	y
K	e	y

_____

_____

K	a	n	g	a	r	o	o
K	a	n	g	a	r	o	o
K	a	n	g	a	r	o	o

_____

_____

L	i	o	n
L	i	o	n
L	i	o	n

_____

_____

L	a	m	p
L	a	m	p
L	a	m	p

_____

_____

L	e	m	o	n
L	e	m	o	n
L	e	m	o	n

_____

_____

Directions. Practice writing each letter. Then write each word and translate it on the lines provided.

M

m

N

n

O

o

M	o	u	s	e

M	o	u	s	e

M	o	u	s	e

_____

_____

M	e	l	o	n

M	e	l	o	n

M	e	l	o	n

_____

_____

M	a	p

M	a	p

M	a	p

_____

_____

N	u	t

N	u	t

N	u	t

_____

_____

N	e	s	t

N	e	s	t

N	e	s	t

_____

_____

N	e	t

N	e	t

N	e	t

_____

_____

O	c	t	o	p	u	s

O	c	t	o	p	u	s

O	c	t	o	p	u	s

_____

_____

O	x

O	x

O	x

_____

_____

O	s	t	r	i	c	h

O	s	t	r	i	c	h

O	s	t	r	i	c	h

_____

_____

6 PQR

Directions. Practice writing each letter. Then write each word and translate it on the lines provided.

P

p

Q

q

R

r

Panda
Panda
Panda

Pen
Pen
Pen

Pig
Pig
Pig

Queen
Queen
Queen

Question
Question
Question

Quiet
Quiet
Quiet

Ring
Ring
Ring

Rabbit
Rabbit
Rabbit

Robot
Robot
Robot

Directions. Practice writing each letter. Then write each word and translate it on the lines provided.

S

s

T

t

U

u

V

v

S	o	c	k
S	o	c	k
S	o	c	k

_____

_____

S	u	n
S	u	n
S	u	n

_____

_____

S	e	a
S	e	a
S	e	a

_____

_____

Ti	g	e	r
Ti	g	e	r
Ti	g	e	r

_____

_____

T	o	y
T	o	y
T	o	y

_____

_____

T	e	n	t
T	e	n	t
T	e	n	t

_____

_____

U	m	b	r	e	l	l	a
U	m	b	r	e	l	l	a
U	m	b	r	e	l	l	a

_____

_____

U	p
U	p
U	p

_____

_____

U	n	d	e	r
U	n	d	e	r
U	n	d	e	r

_____

_____

V	i	o	l	i	n
V	i	o	l	i	n
V	i	o	l	i	n

_____

_____

V	e	s	t
V	e	s	t
V	e	s	t

_____

_____

V	a	s	e
V	a	s	e
V	a	s	e

_____

_____

WXYZ

Directions. Practice writing each letter. Then write each word and translate it on the lines provided.

W

w

X

x

Y

y

Z

z

W	a	t	c	h
W	a	t	c	h
W	a	t	c	h

_____
_____

W	i	n	d	o	w
W	i	n	d	o	w
W	i	n	d	o	w

_____
_____

W	a	t	e	r	m	e	l	o	n
W	a	t	e	r	m	e	l	o	n
W	a	t	e	r	m	e	l	o	n

_____
_____

B	o	x
B	o	x
B	o	x

_____
_____

F	o	x
F	o	x
F	o	x

_____
_____

S	i	x
S	i	x
S	i	x

_____
_____

Yacht
Yacht
Yacht

_____

Yoyo
Yoyo
Yoyo

_____

Yellow
Yellow
Yellow

_____

Zebra
Zebra
Zebra

_____

Zoo
Zoo
Zoo

_____

Zero
Zero
Zero

_____

Level Two

SHORT VOWELS

AM AP

Directions: Write each word and its translation on the lines provided.

AM

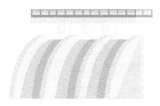   

| D a m | H a m | J a m | R a m |

| D a m | H a m | J a m | R a m |

_____   _____   _____   _____

_____   _____   _____   _____

AP

| C a p | L a p | M a p | N a p |

| C a p | L a p | M a p | N a p |

_____   _____   _____   _____

_____   _____   _____   _____

Directions: Write each sentence on the line provided. Translate each sentence too.

The ram   is on   the cap.

_____

_____

The jam   is on   the ham.

_____

_____

The ram   has   a nap.

_____

_____

The map   is on   his lap.

_____

_____

The dam   is on   the map.

_____

_____

He has   a nap   on a map.

_____

_____

Directions: Write each word and its translation on the lines provided.

AN

C	a	n
C	a	n

_____

_____

M	a	n
M	a	n

_____

_____

P	a	n
P	a	n

_____

_____

F	a	n
F	a	n

_____

_____

AT

B	a	t
B	a	t

_____

_____

C	a	t
C	a	t

_____

_____

H	a	t
H	a	t

_____

_____

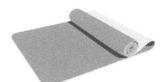

M	a	t
M	a	t

_____

_____

Directions: Write each sentence on the line provided. Translate each sentence too.

The fat bat   has   a nap.

_____

_____

The girl   has   a fan.

_____

_____

The cat   has   a fan.

_____

_____

The pan   is on   a map.

_____

_____

The man   has   a hat.

_____

_____

The cat   loves   jam.

_____

_____

13 ET ED EN

Directions: Write each word and its translation on the lines provided.

ET

| J e t | N e t | W e t | V e t |
| J e t | N e t | W e t | V e t |

_____ _____ _____ _____

_____ _____ _____ _____

ED

| B e d | R e d |
| B e d | R e d |

EN

| H e n | P e n |
| H e n | P e n |

_____ _____ _____ _____

_____ _____ _____ _____

14 ET ED EN STORY

Directions: Write each sentence on the line provided. Translate each sentence too.

The bed   is red.

_____

_____

The jet   is wet.

_____

_____

The hen   is at   the vet.

_____

_____

The net   is on   the bed.

_____

_____

The pen   is red.

_____

_____

The vet   has a red pen   and   a hen.

_____

_____

15 IB ID IG IN

Directions: Write each word and its translation on the lines provided.

IB

Bib
Bib

_____
_____

Rib
Rib

_____
_____

ID

Kid
Kid

_____
_____

Lid
Lid

_____
_____

IG

Pig
Pig

_____
_____

Wig
Wig

_____
_____

IN

Fin
Fin

_____
_____

Pin
Pin

_____
_____

16 IB ID IG IN STORY

Directions: Write each sentence on the line provided. Translate each sentence too.

The wig   is on   the kid.

_____

_____

The bib   is on   the kid.

_____

_____

The fish   has   a fin.

_____

_____

The kid   has   a rib.

_____

_____

The kid   has   a pig.

_____

_____

The girl   has a red wig   and   a cat.

_____

_____

17 IP IT IX

2

Directions: Write each word and its translation on the lines provided.

IP

| Dip | Hip | Lip | Rip |
| Dip | Hip | Lip | Rip |

_____   _____   _____   _____

_____   _____   _____   _____

IT   ## IX

6

| Hit | Sit | Mix | Six |
| Hit | Sit | Mix | Six |

_____   _____   _____   _____

_____   _____   _____   _____

Directions: Write each sentence on the line provided. Translate each sentence too.

A rip   is on   his hip.

_____

_____

The kid   mixes an egg.

_____

_____

The lips   are red.

_____

_____

The kid   hits   the ball.

_____

_____

The kid   has a big rib.

_____

_____

19 OT OX OP OG

Directions: Write each word and its translation on the lines provided.

OT

H o t		P o t
H o t		P o t

_____   _____

_____   _____

OX

B o x		F o x
B o x		F o x

_____   _____

_____   _____

OP

C o p		H o p
C o p		H o p

_____   _____

_____   _____

OG

D o g		L o g
D o g		L o g

_____   _____

_____   _____

20 OT OX OP OG STORY

Directions: Write each sentence on the line provided. Translate each sentence too.

This is   a hot log.

_____

_____

There is   a box   in the logs.

_____

_____

The dog   is in   the box.

_____

_____

The cops   are hot.

_____

_____

This is   a hot pot.

_____

_____

21 UG UB UP

Directions: Write each word and its translation on the lines provided.

UG

B u g   H u g   M u g   R u g

B u g   H u g   M u g   R u g

_____   _____   _____   _____

_____   _____   _____   _____

UB

R u b   T u b

R u b   T u b

UP

C u p   P u p

C u p   P u p

_____   _____   _____   _____

_____   _____   _____   _____

22 UG UB UP STORY

Directions: Write each sentence on the line provided. Translate each sentence too.

The pup   has   a rub.

_____

_____

The bug   is on   the cup.

_____

_____

The pup   is under   the rug.

_____

_____

The two bugs   hug.

_____

_____

The pup   is in   the tub.

_____

_____

23 UN UD UT

Directions: Write each word and its translation on the lines provided.

UN

| B u n | G u n | R u n | S u n |
| B u n | G u n | R u n | S u n |

_____   _____   _____   _____

_____   _____   _____   _____

UD   ## UT

  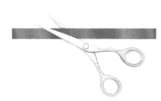 

| B u d | M u d | C u t | N u t |
| B u d | M u d | C u t | N u t |

_____   _____   _____   _____

_____   _____   _____   _____

Directions: Write each sentence on the line provided. Translate each sentence too.

The sun   is in   the sky.

_____

_____

The pup runs   in the mud.

_____

_____

The buns   are in   the pan.

_____

_____

The kid   has   a toy gun.

_____

_____

The nuts   are in   the mud.

_____

_____

Level Three

LONG VOWELS

AKE APE AVE

AK  AKE

| Bake | Cake | Lake | Rake |

AP  APE

| Cape | Tape |

AV  AVE

| Cave | Wave |

Directions: Write each word and its translation on the lines provided.

AKE

Bake
Bake

_____

_____

Cake
Cake

_____

_____

Lake
Lake

_____

_____

Rake
Rake

_____

_____

APE

Cape
Cape

_____

_____

Tape
Tape

_____

_____

AVE

Cave
Cave

_____

_____

Wave
Wave

_____

_____

Directions: Write each sentence on the line provided. Translate each sentence too.

The man   has a rake.

_____

_____

The cape   is on the bed.

_____

_____

The cave   is at   the lake.

_____

_____

The fox   is in the cave.

_____

_____

The cake   is in the box.

_____

_____

Directions: Write the story again on the lines.

The girl goes to the lake. She has a cape. There is a house on the lake. There is a rake by the cave. She sees a bat and a bug. Oh No! She runs to the house. Mom has baked a cake. Yay! Cake! She puts the cape on the bed and has cake.

_____

_____

_____

_____

_____

_____

_____

_____

_____

_____

_____

_____

27 AME ATE ANE ASE

AM  AME

Game   Name

AT  ATE

Date   Gate

AN  ANE

Cane   Mane

AS  ASE

Case   Vase

Directions: Write each word and its translation on the lines provided.

AME

| Game |
| Game |

| Name |
| Name |

_____

_____

_____

_____

ATE

| Date |
| Date |

| Gate |
| Gate |

_____

_____

_____

_____

ANE

| Cane |
| Cane |

| Mane |
| Mane |

_____

_____

_____

_____

ASE

| Case |
| Case |

| Vase |
| Vase |

_____

_____

_____

_____

AME ATE ANE SE STORY

Directions: Write each sentence on the line provided. Translate each sentence too.

The horse   has a mane.

_____

_____

This   is a game.

_____

_____

The bug   is in the case.

_____

_____

It   is a big gate.

_____

_____

The rake   is at the gate.

_____

_____

Directions: Write the story again on the lines.

Mom bakes a cake. What is the date? There is a name on a case. There is a name on a game. I came to the house on a lake. I am at the gate. Now, there is a name on the cake. The name is Chris. What's the date? It's Chris's birthday.

_____

_____

_____

_____

_____

_____

_____

_____

_____

_____

_____

_____

IN  *INE*

| Line | Nine | Pine | Vine |

IK  *IKE*

| Bike | Hike |

IM  *IME*

| Lime | Time |

Directions: Write each word and its translation on the lines provided.

INE

| Line | Nine | Pine | Vine |
| Line | Nine | Pine | Vine |

_____   _____   _____   _____

_____   _____   _____   _____

IKE

IME

| Bike | Hike | Lime | Time |
| Bike | Hike | Lime | Time |

_____   _____   _____   _____

_____   _____   _____   _____

30 INE IKE IME STORY

Directions: Write each sentence on the line provided. Translate each sentence too.

The time   is nine.

_____

_____

The limes   are on the mat.

_____

_____

The bike   is by the gate.

_____

_____

The man   has a bike.

_____

_____

There is a vine   on the vase.

_____

_____

Directions: Write the story again on the lines.

It is time to hike. My name is Chris. I like to hike. There are many pines. There is some mud. Wow! A bug. It is time to go home.

_____

_____

_____

_____

_____

_____

_____

_____

_____

_____

_____

_____

_____

31 IDE IPE ITE IVE

ID  IDE

| Hide | Ride |

IP  IPE

| Pipe | Wipe |

IT  ITE

| Bite | Kite |

IV  IVE

| Dive | Five |

Directions: Write each word and its translation on the lines provided.

IDE

Hide	Ride
Hide	Ride

_____

_____

IPE

Pipe	Wipe
Pipe	Wipe

_____

_____

ITE

Bite	Kite
Bite	Kite

_____

_____

IVE

Dive	Five
Dive	Five

_____

_____

32 IDE IPE ITE IVE STORY

Directions: Write each sentence on the line provided. Translate each sentence too.

The pipe   is in the case.

_____

_____

The girl wipes the vase.

_____

_____

The kite   is in the pines.

_____

_____

The kids   dive in the lake.

_____

_____

They hide   for a game.

_____

_____

Directions: Write the story again on the lines.

This is a park. The girls ride their bikes in the park. The men play a game in the park. The man has a pipe and sits in the park. The girl has a kite in the park. There are five bikes next to the park. This is a nice park.

_____

_____

_____

_____

_____

_____

_____

_____

_____

_____

_____

_____

_____

33 OSE OPE OTE

OS → OSĔ

| Hose | Nose | Pose | Rose |

OP → OPĔ

| Hope | Rope |

OT → OTĔ

| Note | Vote |

Directions: Write each word and its translation on the lines provided.

OSE

H o s e
H o s e

_____

_____

N o s e
N o s e

_____

_____

P o s e
P o s e

_____

_____

R o s e
R o s e

_____

_____

OPE

H o p e
H o p e

_____

_____

R o p e
R o p e

_____

_____

OTE

N o t e
N o t e

_____

_____

V o t e
V o t e

_____

_____

34 OSE OPE OTE STORY

Directions: Write each sentence on the line provided. Translate each sentence too.

There is a rose   and a vine.

_____

_____

The man   has a hike   and two canes.

_____

_____

The note   is in the box.

_____

_____

The old man   has a red nose.

_____

_____

There is a bike   on a rope.

_____

_____

Directions: Write the story again on the lines.

There are many roses. The man has a hose for the roses. The girl has some roses. This man gets some roses from the girl. The man makes a love note. Oh Wow! I hope you have good luck.

_____

_____

_____

_____

_____

_____

_____

_____

_____

_____

_____

_____

OL  OLE

| Pole | Mole | Hole | Sole |

OM  OME

| Dome | Home |

ON  ONE

| Bone | Cone |

Directions: Write each word and its translation on the lines provided.

OLE

Pole	Mole	Hole	Sole
Pole	Mole	Hole	Sole

_____   _____   _____   _____

_____   _____   _____   _____

OME

Dome	Home
Dome	Home

ONE

Bone	Cone
Bone	Cone

_____   _____   _____   _____

_____   _____   _____   _____

36 OLE OME ONE STORY

Directions: Write each sentence on the line provided. Translate each sentence too.

The mole   is in the hole.

_____

_____

The pole   is by the home.

_____

_____

The pup   has a bone.

_____

_____

The girl   looks out of the dome.

_____

_____

The ball   is by the hole   and the pole.

_____

_____

Directions: Write the story again on the lines.

Do you want to play a game? The man is at home. His car has a
dome. The man puts the ball on the pole. He hits the ball to the pole.
Wow! It is in the hole. Great job! He has an ice cream cone.

_____

_____

_____

_____

_____

_____

_____

_____

_____

_____

_____

_____

37 UBE UTE UNE ULE

UB UBE

Cube	Tube

UT  UTE

Cute	Mute

UN  UNE

Dune	Tune	June

UL  ULE

Mule

Directions: Write each word and its translation on the lines provided.

UBE

| C u b e |
| C u b e |
| C u b e |

_____

_____

| T u b e |
| T u b e |
| T u b e |

_____

_____

UTE

| C u t e |
| C u t e |
| C u t e |

_____

_____

| M u t e |
| M u t e |
| M u t e |

_____

_____

UNE

| D u n e |
| D u n e |

_____

_____

| T u n e |
| T u n e |

_____

_____

| J u n e |
| J u n e |

_____

_____

ULE

| M u l e |
| M u l e |
| M u l e |

_____

_____

UBE UTE UNE ULE STORY

Directions: Write each sentence on the line provided. Translate each sentence too.

The dune   is very big.

_____

_____

The cubes   are in the mug.

_____

_____

There are two mules   at the gate.

_____

_____

The cute pup   is on the rug.

_____

_____

I hope my new home   is a dome.

_____

_____

Directions: Write the story again on the lines.

The cute girl has a toy. But the toy is mute. She hopes to sing a tune.
One day, she sings her tune. Wow! Her hope came true. She is a
singer.

_____

_____

_____

_____

_____

_____

_____

_____

_____

_____

_____

_____

Level Four

CONSONANT PAIRS

4

Directions: Write each word and its translation on the lines provided.

B	l	a	c	k
B	l	a	c	k
B	l	a	c	k

_____

_____

| B | l | a | d | e |
| B | l | a | d | e |

_____

_____

| B | l | i | m | p |
| B | l | i | m | p |

_____

_____

| B | l | u | e |
| B | l | u | e |

_____

_____

C	l	o	c	k
C	l	o	c	k
C	l	o	c	k

_____

_____

| C | l | a | m |
| C | l | a | m |

_____

_____

C	l	a	p

C	l	a	p

_____

_____

C	l	i	f	f

C	l	i	f	f

_____

_____

F	l	a	g

F	l	a	g

_____

_____

F	l	a	m	e

F	l	a	m	e

_____

_____

F	l	a	p

F	l	a	p

_____

_____

F	l	u	t	e

F	l	u	t	e

F	l	u	t	e

_____

_____

BL CL FL STORY

SENTENCE PRACTICE

The black bike   is at the gate.

_____

_____

The girl   plays the flute   and the people clap.

_____

_____

The blue blimp   is in the blue sky.

_____

_____

There is a big clock   on a sunny day.

_____

_____

There are flags   on the dune.

_____

_____

Directions: Write the story again on the lines.

The clock says it is time. It is time to play my flute. The man plays the trumpet. Some play the violin. I play my flute in a blue dress. The people clap and go home.

_____

_____

_____

_____

_____

_____

_____

_____

_____

_____

_____

Directions: Write each word and its translation on the lines provided.

| Bride |
| Bride |
| Bride |

_____

_____

| Brake |
| Brake |
| Brake |

_____

_____

| Brave |
| Brave |
| Brave |

_____

_____

| Brick |
| Brick |
| Brick |

_____

_____

| Crab |
| Crab |

_____

_____

| Crane |
| Crane |
| Crane |

_____

_____

Crib
Crib

_____

_____

Cross
Cross
Cross

_____

_____

Frog
Frog

_____

_____

Frame
Frame
Frame

_____

_____

Front
Front
Front

_____

_____

Frost
Frost
Frost

_____

_____

SENTENCE PRACTICE

The bride   has roses   in her hands.

_____

_____

The brave man   dives from the cliff.

_____

_____

The nurses   have red crosses.

_____

_____

The roses   are next to   the frame.

_____

_____

The front of the homes   are brick.

_____

_____

Directions: Write the story again on the lines.

The man meets a woman on a cliff. By a brick home, the man gives the woman a ring. The man has a watch. The bride has roses. I hope their baby in blue likes his new crib.

_____

_____

_____

_____

_____

_____

_____

_____

_____

_____

_____

_____

Directions: Write each word and its translation on the lines provided.

| G | l | a | s | s |

| G | l | a | s | s |

| G | l | a | s | s |

_____

_____

| G | l | o | v | e |

| G | l | o | v | e |

| G | l | o | v | e |

_____

_____

| G | l | o | b | e |

| G | l | o | b | e |

| G | l | o | b | e |

_____

_____

| G | l | u | e |

| G | l | u | e |

_____

_____

| P | l | a | n | e |

| P | l | a | n | e |

| P | l | a | n | e |

_____

_____

| P | l | a | n | t |

| P | l | a | n | t |

| P | l | a | n | t |

_____

_____

Plate
Plate
Plate

_____

_____

Plum
Plum

_____

_____

Slide
Slide
Slide

_____

_____

Sled
Sled

_____

_____

Slice
Slice
Slice

_____

_____

Slim
Slim

_____

_____

44 GL PL SL STORY

SENTENCE PRACTICE

The kid   rides the slide.

_____

_____

The man and the boy   ride the sled.

_____

_____

There is a plum   on the plate.

_____

_____

A big plane   is in the sky.

_____

_____

The globe   is on the desk.

_____

_____

Directions: Write the story again on the lines.

It is not hot. It is cold. There is frost on the window. Today, there is lots of snow. The girl has gloves and a hat. She rides on her sled. At home, she has a glass of hot tea.

_____

_____

_____

_____

_____

_____

_____

_____

_____

_____

_____

45 DR PR TR

Directions: Write each word and its translation on the lines provided.

| Drum |
| Drum |

_____

_____

| Dragon |
| Dragon |
| Dragon |

_____

_____

| Dress |
| Dress |

_____

_____

| Drive |
| Drive |
| Drive |

_____

_____

| Prize |
| Prize |
| Prize |

_____

_____

| Press |
| Press |

_____

_____

Price

Price

Price

_____

Print

Print

Print

_____

Truck

Truck

Truck

_____

Trace

Trace

Trace

_____

Track

Track

Track

_____

Trumpet

Trumpet

Trumpet

_____

46 DR PR TR STORY

SENTENCE PRACTICE

The women   have blue dresses.

_____

_____

The man   has a huge drum.

_____

_____

The band   plays trumpets.

_____

_____

The bikes   are on the race track.

_____

_____

The dog   wins the prize.

_____

_____

Directions: Write the story again on the lines.

Prin is at the airport. She is going to fly on a plane. Prin falls asleep on the plane. She sees a dragon in her dream. The dragon is her friend. She is the princess in her castle. It was a good dream.

_____

_____

_____

_____

_____

_____

_____

_____

_____

_____

_____

SM SN ST SW

Directions: Write each word and its translation on the lines provided.

| S m i l e |
| S m i l e |
| S m i l e |

_____

_____

| S m e l l |
| S m e l l |

_____

_____

| S m o k e |
| S m o k e |
| S m o k e |

_____

_____

| S n a k e |
| S n a k e |
| S n a k e |

_____

_____

| S n a c k |
| S n a c k |

_____

_____

| S n o r e |
| S n o r e |
| S n o r e |

_____

_____

| S | t | o | n | e |

| S | t | o | n | e |

| S | t | o | n | e |

_____

_____

| S | t | o | v | e |

| S | t | o | v | e |

| S | t | o | v | e |

_____

_____

| S | t | o | p |

| S | t | o | p |

_____

_____

| S | w | i | m |

| S | w | i | m |

_____

_____

| S | w | e | e | t |

| S | w | e | e | t |

_____

_____

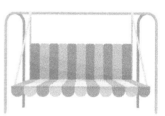

| S | w | i | n | g |

| S | w | i | n | g |

_____

_____

48

SM SN ST SW STORY

SENTENCE PRACTICE

The girls get the prize   and smile.

_____

_____

She has a sweet apple   for a snack.

_____

_____

The pipe smoke   smells sweet.

_____

_____

The hot pot   is on the stove.

_____

_____

The pup snores   on the rug.

_____

_____

Directions: Write the story again on the lines.

It is a beautiful day. The groom smiles and is happy. The flowers smell so sweet. The ring has so many stones. The slim bride goes for a drive. At the party they cut the sweet cake.

_____

_____

_____

_____

_____

_____

_____

_____

_____

_____

_____

_____

ANG ING ONG ANK INK UNK

Directions: Write each word and its translation on the lines provided.

B	a	n	g
B	a	n	g

_____

_____

F	a	n	g
F	a	n	g

_____

_____

K	i	n	g
K	i	n	g

_____

_____

R	i	n	g
R	i	n	g

_____

_____

G	o	n	g
G	o	n	g

_____

_____

S	o	n	g
S	o	n	g

_____

_____

B a n k

B a n k

T a n k

T a n k

P i n k

P i n k

W i n k

W i n k

D u n k

D u n k

J u n k

J u n k

50 ANG ING ONG ANK INK UNK STORY

SENTENCE PRACTICE

Mom   is at the bank.

_____
_____

The king   gives the bride a ring.

_____
_____

The toy tank   is on the sand.

_____
_____

I dunk my cookie   in milk.

_____
_____

The lion   has big fangs.

_____
_____

Directions: Write the story again on the lines.

Wing has a lot of junk. She loves her old trunk. She has a big gong. She has an old brown truck. Wow! She has a big pink ring.

_____

_____

_____

_____

_____

_____

_____

_____

_____

_____

_____

_____

CH SH

Directions: Write each word and its translation on the lines provided.

S	h	i	p

S	h	i	p

_____

_____

S	h	a	p	e

S	h	a	p	e

S	h	a	p	e

_____

_____

S	h	o	p

S	h	o	p

_____

_____

F	i	s	h

F	i	s	h

_____

_____

B	r	u	s	h

B	r	u	s	h

B	r	u	s	h

_____

_____

F	l	a	s	h

F	l	a	s	h

F	l	a	s	h

_____

_____

Chick
Chick

_____
_____

Cherry
Cherry
Cherry

_____
_____
_____

Chin
Chin

_____
_____

Bench
Bench

_____
_____

Branch
Branch
Branch

_____
_____
_____

Catch
Catch

_____
_____

SENTENCE PRACTICE

The man and woman   take a trip.

_____

_____

They take a ship   to sea.

_____

_____

They dive   into the clear ocean.

_____

_____

They see blue   and black fish.

_____

_____

The fish swim and play.

_____

_____

They see a turtle   with a big shell.

_____

_____

Directions: Write the story again on the lines.

They walk on the beach. On the sand there is a crab. The cute pup is
playing. There are many small waves, too. This was a beautiful trip.

_____

_____

_____

_____

_____

_____

_____

_____

_____

_____

_____

_____

53 TH WH

Directions: Write each word and its translation on the lines provided.

| T | h | u | m | b |

| T | h | u | m | b |

_____

_____

| T | h | i | c | k |

| T | h | i | c | k |

_____

_____

| T | h | i | n |

| T | h | i | n |

_____

_____

| B | a | t | h |

| B | a | t | h |

_____

_____

| M | a | t | h |

| M | a | t | h |

_____

_____

| T | e | e | t | h |

| T | e | e | t | h |

_____

_____

W	h	a	l	e

W	h	a	l	e

W	h	a	l	e

_____

_____

W	h	e	e	l

W	h	e	e	l

_____

_____

W	h	i	p

W	h	i	p

_____

_____

W	h	i	t	e

W	h	i	t	e

W	h	i	t	e

_____

_____

W	h	i	s	p	e	r

W	h	i	s	p	e	r

W	h	i	s	p	e	r

_____

_____

W	h	i	s	k

W	h	i	s	k

W	h	i	s	k

_____

_____

54 TH WH STORY

SENTENCE PRACTICE

The white rabbit   is cute.

_____

_____

The man   has a thin thumb.

_____

_____

I want fish   on a dish   for dinner.

_____

_____

The man   has big white teeth.

_____

_____

The chef   has a whisk   in her hand.

_____

_____

Directions: Write the story again on the lines.

Good morning. It is time to take a shower in the bathroom. Then brush my white teeth. I'll have a sandwich with egg for lunch. I rush to school. Oh No! It's math class today.

_____

_____

_____

_____

_____

_____

_____

_____

_____

_____

_____

_____

Level Five

TWO LETTER
VOWELS

Directions: Write each word and its translation on the lines provided.

B	e e

B	e e

_____

_____

T r	e e

T r	e e

_____

_____

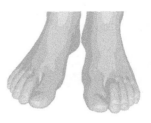

F	e e t

F	e e t

_____

_____

S	e e	d

S	e e	d

S	e e	d

_____

_____

P	e e	l

P	e e	l

_____

_____

G r	e e	n

G r	e e	n

G r	e e	n

_____

_____

S	e	a

S	e	a

_____

_____

T	e	a

T	e	a

_____

_____

L	e	a	f

L	e	a	f

L	e	a	f

_____

_____

M	e	a	t

M	e	a	t

M	e	a	t

_____

_____

S	e	a	l

S	e	a	l

S	e	a	l

_____

_____

P	e	a	n	u	t

P	e	a	n	u	t

P	e	a	n	u	t

_____

_____

 **EE EA STORY**

SENTENCE PRACTICE

The man   paints a leaf.

_____

_____

A bee   sits on the rose.

_____

_____

There are bananas   in the tree.

_____

_____

The woman   drinks some tea.

_____

_____

The whale shark   swims in the sea.

_____

_____

Directions: Write the story again on the lines.

Welcome to my garden. I have lots of flowers and trees. The trees have green leaves. Oh Look! My bees. This sunflower has lots of seeds. Today, I'm going to drink water and read.

_____

_____

_____

_____

_____

_____

_____

_____

_____

_____

_____

_____

OA OW

Directions: Write each word and its translation on the lines provided.

B	o	a	t
B	o	a	t
B	o	a	t

_____

_____

C	o	a	t
C	o	a	t
C	o	a	t

_____

_____

G	o	a	t
G	o	a	t
G	o	a	t

_____

_____

R	o	a	d
R	o	a	d
R	o	a	d

_____

_____

S	o	a	p
S	o	a	p
S	o	a	p

_____

_____

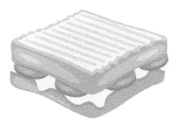

T	o	a	s	t
T	o	a	s	t
T	o	a	s	t

_____

_____

| Y | e | l | l | o | w |

| Y | e | l | l | o | w |

| Y | e | l | l | o | w |

_____

_____

| P | i | l | l | o | w |

| P | i | l | l | o | w |

| P | i | l | l | o | w |

_____

_____

| W | i | n | d | o | w |

| W | i | n | d | o | w |

_____

_____

| B | l | o | w |

| B | l | o | w |

_____

_____

| S | n | o | w |

| S | n | o | w |

_____

_____

| B | o | w | l |

| B | o | w | l |

| B | o | w | l |

_____

_____

SENTENCE PRACTICE

The woman   has a warm blue coat.

_____

_____

The white snow   is on the tree branch.

_____

_____

This   is a happy stone goat.

_____

_____

There are snowy trees   along the road.

_____

_____

The yellow gold rings   are on the small pillow.

_____

_____

Directions: Write the story again on the lines.

It is going to be a busy day today. I need coffee this morning. First, I need to pack for my road trip. I am happy I brought my yellow rain coat. The trees on this road are beautiful. I'm happy! There is no snow in the city. That was a great trip.

_____

_____

_____

_____

_____

_____

_____

_____

_____

_____

_____

_____

Directions: Write each word and its translation on the lines provided.

R	a	i	n
R	a	i	n
R	a	i	n

_____

_____

T	r	a	i	n
T	r	a	i	n
T	r	a	i	n

_____

_____

M	a	i	l
M	a	i	l
M	a	i	l

_____

_____

N	a	i	l
N	a	i	l
N	a	i	l

_____

_____

T	a	i	l
T	a	i	l
T	a	i	l

_____

_____

| G | r | a | y |
| G | r | a | y |

_____

_____

| P | r | a | y |

| P | r | a | y |

_____

_____

| T | r | a | y |

| T | r | a | y |

_____

_____

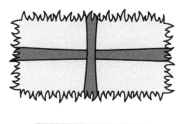

| H | a | y |

| H | a | y |

_____

_____

| C | l | a | y |

| C | l | a | y |

_____

_____

| P | l | a | y |

| P | l | a | y |

_____

_____

60 AI AY STORY

SENTENCE PRACTICE

The dog   has a short tail.

_____

_____

The plants   are in a clay pot.

_____

_____

There is hot tea   on the tray .

_____

_____

The train   is very fast.

_____

_____

The people walk   in the rain.

_____

_____

Directions: Write the story again on the lines.

Wow! It is a rainy day. The clouds in the sky are gray. I want to drink tea by my window. If you go out, bring your umbrella and your rain jacket, too. The train runs on the track even in the rain. You can drive in the rain too. But, we cant play today.

_____

_____

_____

_____

_____

_____

_____

_____

_____

_____

_____

_____

61 OI OY

Directions: Write each word and its translation on the lines provided.

| C | o | i | n |

| C | o | i | n |

| C | o | i | n |

_____

_____

| O | i | l |

| O | i | l |

_____

_____

| B | o | i | l |

| B | o | i | l |

| B | o | i | l |

_____

_____

| C | o | i | l |

| C | o | i | l |

| C | o | i | l |

_____

_____

| F | o | i | l |

| F | o | i | l |

| F | o | i | l |

_____

_____

| S | o | i | l |

| S | o | i | l |

| S | o | i | l |

_____

_____

| P o i n t |
| P o i n t |
| P o i n t |

_____

_____

| T o i l e t |
| T o i l e t |
| T o i l e t |

_____

_____

| B o y |
| B o y |

_____

_____

| J o y |
| J o y |

_____

_____

| T o y |
| T o y |

_____

_____

| S o y b e a n |
| S o y b e a n |
| S o y b e a n |

_____

_____

62 OI OY STORY

SENTENCE PRACTICE

The man   waters his baby soybean plant.

_____

_____

The cute cat   takes the coin.

_____

_____

The coils   smell great.

_____

_____

The toys   are in the snow.

_____

_____

Let's fry a crab   in oil for lunch.

_____

_____

Directions: Write the story again on the lines.

The hungry boy makes dinner with his wife. It is a joy for the boy to cut vegetables. We can boil some pasta. I will boil the water. We can boil corn for dinner too. Toss the coiled pasta with a spoon and a fork. Here, have a bite of this and tell me what you think.

_____

_____

_____

_____

_____

_____

_____

_____

_____

_____

_____

_____

Directions: Write each word and its translation on the lines provided.

C	o	w

C	o	w

_____

_____

O	w	l

O	w	l

_____

_____

G	o	w	n

G	o	w	n

G	o	w	n

_____

_____

B	r	o	w	n

B	r	o	w	n

B	r	o	w	n

_____

_____

C	r	o	w	n

C	r	o	w	n

C	r	o	w	n

_____

_____

C	l	o	w	n

C	l	o	w	n

C	l	o	w	n

_____

_____

House
House
House

_____
_____

Mouse
Mouse
Mouse

_____
_____

Blouse
Blouse
Blouse

_____
_____

Cloud
Cloud
Cloud

_____
_____

Mouth
Mouth
Mouth

_____
_____

Count
Count
Count

_____
_____

OW OU STORY

SENTENCE PRACTICE

The clown   has a green hat.

_____

_____

The man   counts money.

_____

_____

The woman   has a white blouse.

_____

_____

This is the king   in the game of chess.

_____

_____

The brown cows   are in front of   the house.

_____

_____

Directions: Write the story again on the lines.

Welcome to our cow farm. The milk cows eat green grass on the hill. There are no clouds in the sky today. Willow watches her brown cows. Willow is happy that her cows are healthy. Willow messages her husband Rowland. Rowland will bring hay for the cows.

_____

_____

_____

_____

_____

_____

_____

_____

_____

_____

_____

_____

5

Directions: Write each word and its translation on the lines provided.

| B i r d |
| B i r d |
| B i r d |

_____

_____

| G i r l |
| G i r l |
| G i r l |

_____

_____

| S k i r t |
| S k i r t |
| S k i r t |

_____

_____

| S i n g e r |
| S i n g e r |
| S i n g e r |

_____

_____

| L e t t e r |
| L e t t e r |
| L e t t e r |

_____

_____

| S o c c e r |
| S o c c e r |

_____

_____

Teacher	Turtle	Purple
Teacher	Turtle	Purple
Teacher	Turtle	Purple

_____

_____

_____

_____

_____

_____

Nurse	Purse
Nurse	Purse
Nurse	Purse

_____

_____

_____

_____

66 IR ER UR STORY

SENTENCE PRACTICE

The bee is on   the purple flower.

_____

_____

The baby turtles   crawl to the sea.

_____

_____

The bad man   took the brown purse.

_____

_____

The bug   walks on the computer letters.

_____

_____

These two birds   are in their nest

_____

_____

Directions: Write the story again on the lines.

Let's go to the zoo today. These birds are penguins. This turtle is swimming. I love giraffes. Wow! A white tiger. So cool! Look! That is a camel. Those are colorful birds.

_____

_____

_____

_____

_____

_____

_____

_____

_____

_____

_____

_____

AR OR

Directions: Write each word and its translation on the lines provided.

C a r

C a r

_____

_____

S t a r

S t a r

_____

_____

A r m

A r m

_____

_____

C a r d

C a r d

C a r d

_____

_____

P a r k

P a r k

P a r k

_____

_____

F a r m e r

F a r m e r

F a r m e r

_____

_____

| H | o | r | s | e |

| H | o | r | s | e |

| H | o | r | s | e |

_____

_____

| C | o | r | k |

| C | o | r | k |

| C | o | r | k |

_____

_____

| F | o | r | k |

| F | o | r | k |

| F | o | r | k |

_____

_____

| S | t | o | r | e |

| S | t | o | r | e |

_____

_____

| C | o | r | n |

| C | o | r | n |

| C | o | r | n |

_____

_____

n

| N | o | r | t | h |

| N | o | r | t | h |

| N | o | r | t | h |

_____

_____

SENTENCE PRACTICE

There are many stars   in the sky.

_____

_____

The cops ride horses   in the park.

_____

_____

The cork   is in the bottle.

_____

_____

The birds eat corn   from my hand.

_____

_____

The girl has a puppy   in her arms.

_____

_____

Directions: Write the story again on the lines.

Parker is a farmer. He has a big farm. He will plant corn on the farm. He pulls the plant with his arms. He will take the food to the farm store. The stars come out over the farm.

_____

_____

_____

_____

_____

_____

_____

_____

_____

_____

_____

_____

69 oo

Directions: Write each word and its translation on the lines provided.

B	o o	k
B	o o	k
B	o o	k

_____

_____

C	o o	k
C	o o	k
C	o o	k

_____

_____

H	o o	k
H	o o	k
H	o o	k

_____

_____

L	o o	k
L	o o	k
L	o o	k

_____

_____

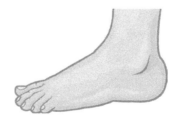

F	o o	t
F	o o	t
F	o o	t

_____

_____

W	o o	d
W	o o	d
W	o o	d

_____

_____

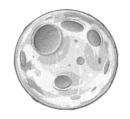

M	o o	n
M	o o	n
M	o o	n

_____

_____

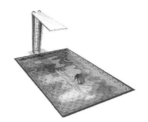

P	o o	l
P	o o	l
P	o o	l

_____

_____

G	o o	s e
G	o o	s e
G	o o	s e

_____

_____

S p	o o	n
S p	o o	n
S p o	o	n

_____

_____

F	o o	d
F	o o	d
F	o o	d

_____

_____

| Z | o o |
| Z | o o |

_____

_____

OO STORY

SENTENCE PRACTICE

The moon   is behind the clouds.

_____

_____

The man cooks crab   in a pan.

_____

_____

The food   is by the pool.

_____

_____

The gray sock   is on the foot.

_____

_____

The woman on the bench   has a book.

_____

_____

Directions: Write the story again on the lines.

Your phonics class is done! Let's have a food party. Cut the green apples. Slice the vegetables. Mix the jam in a bowl. Slice the chicken with a knife. Cook the chicken in oil in a pan. Set the food on the party table. Have fun now that phonics is done.

_____

_____

_____

_____

_____

_____

_____

_____

_____

_____

_____

_____

CONGRATULATIONS!

More free lessons at www.listenandlearnenglish.com